Los terremotos

William B. Rice

Los terremotos

Asesor en ciencias

Scot Oschman, Ph.D.

Créditos

Dona Herweck Rice, Gerente de redacción; Lee Aucoin, Directora creativa; Timothy J. Bradley, Responsable de ilustraciones; Conni Medina, M.A.Ed., Directora editorial; James Anderson, Kat Das, Torrey Maloof, Editores asociados; Rachelle Cracchiolo, M.S.Ed., Editora comercial

Teacher Created Materials

5301 Oceanus Drive
Huntington Beach, CA 92649-1030
http://www.tcmpub.com
ISBN 978-1-4333-2153-5

Tabla de contenido

Cambio permanente

Nada permanece igual para siempre. Las personas han recitado este dicho era tras era, y es la verdad. No importa de qué se trate, con el tiempo cambiará. Las cosas que no parecen cambiar también cambiarán. Hasta la propia Tierra cambia.

Si estuvieras sentado en el mismo lugar que ahora, pero hace diez millones de años, verías un mundo diferente. No sólo porque todas las construcciones que levantaron las personas no existirían, sino porque la tierra también se vería distinta. Es posible que las montañas que hoy ves a la distancia no estuvieran allí. Los peñascos a los lados de esas montañas podrían estar debajo de la tierra. Los valles cercanos podrían estar bajo el océano.

La tierra se mueve y cambia todo el tiempo. Gran parte de este cambio es muy lento, pero a veces los cambios llegan rápido, incluso en un instante.

Este valle se creó hace millones de años.

Despaaaaaaaaaacio

A una cordillera puede tomarle cientos de millones de años en formarse. La mayoría de los cambios en el planeta es muy lenta.

¿Cuál es la causa de los terremotos?

¿Qué podría suceder para ocasionar un cambio repentino en la Tierra? Una causa importante aquí es un **terremoto**. Un terremoto es un movimiento de tierra que sucede cuando las placas de la corteza terrestre se tocan o chocan entre sí. Cuando esto sucede, a veces las placas se traban y comienza a acumularse **presión**. Cuando las placas ya no pueden soportar la presión, ceden. Pero esa presión tiene que ir a algún lado. ¡Terremoto!

Esta grieta en la superficie de la Tierra se debe a un terremoto en una línea de falla.

Los terremotos pueden tener efectos dramáticos para las personas y en el terreno.

Todos los días ocurren miles de pequeños terremotos en nuestro planeta. Son tan pequeños que nadie los siente. Las personas sólo perciben algunos de ellos en la superficie. De éstos, son muy pocos los que la gente siente y que causan grandes daños. Los terremotos grandes cambian la tierra rápidamente. La tierra puede agrietarse, desplazarse, elevar o descender. Todo lo que está sobre esa porción de tierra o cerca de ella se ve afectado.

Sismólogos

Los científicos que estudian los terremotos se llaman **sismólogos**. Los sismólogos utilizan máquinas para detectar terremotos, tanto los que las personas sienten como los que no llegan a percibir. Esas máquinas ayudan a los sismólogos a aprender más sobre los terremotos y sobre la Tierra.

Crocante

La corteza de la Tierra tiene un grosor de alrededor de 40 kilómetros (25 millas) en los continentes y de unos 7 kilómetros (4 millas) bajo los océanos.

corteza

placa

manto

Mucho que cavar

Si quisieras llegar al centro de la Tierra, tendrías que cavar 6,400 kilómetros (4,000 millas).

El movimiento de las placas

La capa exterior de la Tierra, la **corteza**, no es una pieza sólida y pareja. Está dividida en numerosos trozos grandes. Cada uno de estos trozos se denomina **placa**. Las placas se componen de materiales terrestres como rocas y minerales. Algunas de estas placas son más grandes que los continentes, y otras son más pequeñas, del tamaño de un país. De cualquier forma, las placas son enormes.

La Tierra está hecha de varias capas. La corteza es rígida y fría. Esta capa se apoya sobre el **manto**, que es más fluido. Las placas de la tierra flotan sobre la roca líquida que se encuentra debajo de ellas. Con el fluir del manto líquido, las placas también flotan. Al hacerlo, se friccionan unas con otras de diferentes formas. No importa de qué manera se encuentren, ocasionarán terremotos.

La superficie que ves en derredor forma parte de la corteza de la Tierra.

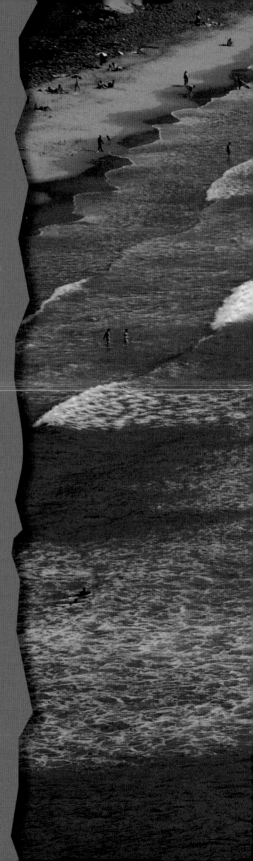

El lugar en el que se encuentran las placas se llama **límite**. Existen tres tipos principales de límites: los convergentes, los divergentes y los transformantes. La diferencia entre ellos es la manera en que unas placas se mueven en relación con las otras.

Un **límite convergente** es aquel en el que dos placas se mueven una en dirección a la otra. Cuando se encuentran, una de las placas usualmente se desplaza sobre la otra. Un **límite divergente** es aquel en el que dos placas se alejan mutuamente. A medida que se separan, surge nueva corteza. Un **límite transformante** es aquel en el que dos placas se deslizan una sobre otra, en sentidos opuestos.

Estos límites contribuyeron a la creación de muchos de los accidentes geográficos de la superficie terrestre. Estos accidentes son cosas como las montañas, los valles y las islas. Todo el tiempo se crean nuevos accidentes geográficos.

La Tierra creciente

El océano Atlántico se ensancha aproximadamente 2 centímetros ($\frac{3}{4}$ de pulgada) al año. Esto quiere decir que, en el transcurso de tu vida, ¡el océano se habrá extendido el equivalente al largo de una persona adulta!

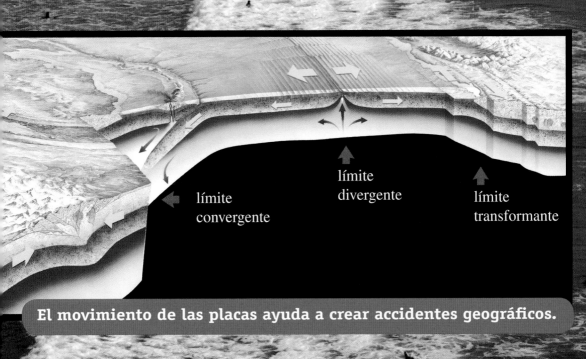

límite convergente

límite divergente

límite transformante

El movimiento de las placas ayuda a crear accidentes geográficos.

¿Dónde hay terremotos?

Puede haber terremotos en cualquier parte del planeta. Pero en algunos lugares son más frecuentes que en otros. La mayoría de las veces ocurren en los límites de placas. En estos límites se acumula presión, la que se libera cuando las placas se deslizan una sobre la otra.

Este mapa muestra lugares en los que los terremotos son frecuentes.

ASIA

Taiwán

Nueva Guinea

AMÉRICA DEL NORTE

AMÉRICA DEL SUR

Islandia

Italia

Grecia

Turquí

MEDIO ORIEN

Focos sísmicos en el mundo

Italia

Turquía

Grecia

India

Taiwán

Nueva Guinea

Islandia

Por debajo

En un límite convergente, cuando una placa con corteza oceánica se encuentra con una placa con corteza continental, la primera se desliza debajo de la segunda.

los Andes

Un lugar en el que hay muchos terremotos es la costa oeste de América del sur. Aquí, una placa se desliza por encima de otra placa. La placa que se encuentra arriba es la placa sudamericana. La placa de abajo es la de Nazca. Estas placas se encuentran en un límite convergente. Este límite contribuyó a la creación de las montañas de los Andes. También ayudó a crear uno de los lagos más grandes del mundo, el lago Titicaca.

lago Titicaca

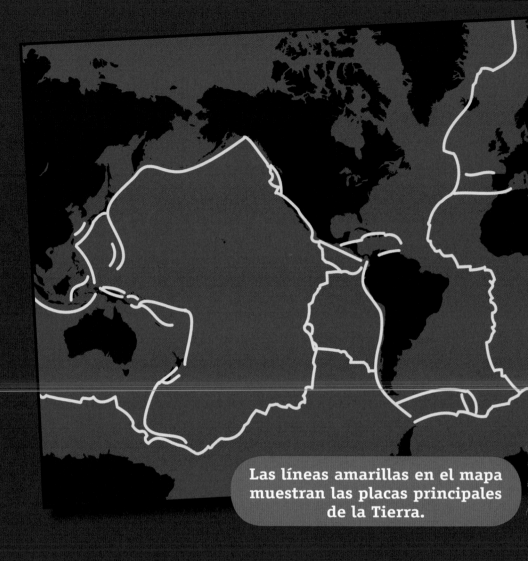

Las líneas amarillas en el mapa muestran las placas principales de la Tierra.

rocas jóvenes en Islandia

Rocas jóvenes

Las rocas que conforman Islandia se encuentran entre las rocas más jóvenes del planeta. Las más jóvenes de estas rocas se encuentran en los límites de placas o cerca de ellos.

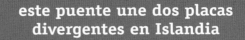

este puente une dos placas divergentes en Islandia

Otro lugar en el que hay muchos terremotos es Islandia. Islandia es una gran isla que se encuentra en el medio del océano Atlántico. Allí, dos placas se alejan una de la otra. Una de éstas es la placa de Eurasia, y la otra es la placa norteamericana. Estas dos placas se encuentran en un límite divergente.

Las placas se alejan entre dos y cuatro centímetros (entre una y dos pulgadas) al año. A medida que se alejan, en el límite surge nueva corteza. Se creó tanta corteza nueva que la tierra se acumuló sobre el agua y se formó Islandia. Debido a esto, Islandia sigue creciendo. ¿Quién sabe cuán grande podría ser Islandia en el futuro?

En California también hay muchos terremotos, unos miles por año. En California hay dos placas que se deslizan una contra la otra. Una es la placa norteamericana. La otra, la placa del Pacífico. Éstas se encuentran en un límite transformativo.

Las dos placas se desplazan una sobre la otra, en sentido opuesto, unos cinco centímetros (dos pulgadas) por año. Esto equivale prácticamente el largo que te crecen las uñas en un año.

En este límite se formaron montañas y valles, pero no son en absoluto tan grandes como los que se forman en límites convergentes. Los movimientos de las placas en el límite también afectan a los volúmenes de agua. Algunos ríos fluyen a través del límite y cambian su curso cuando las placas se mueven durante un terremoto.

Esta imagen de la falla de San Andrés se tomó desde un aeroplano.

Los ríos que atraviesan la falla de San Andrés pueden llegar a cambiar de curso durante un terremoto o después de él.

La falla de San Andrés

La famosa falla de San Andrés en California es un límite transformante. En realidad no se trata de una sola línea de falla, sino que está compuesta por muchos segmentos. Tiene una longitud de alrededor de 1,300 kilómetros (800 millas).

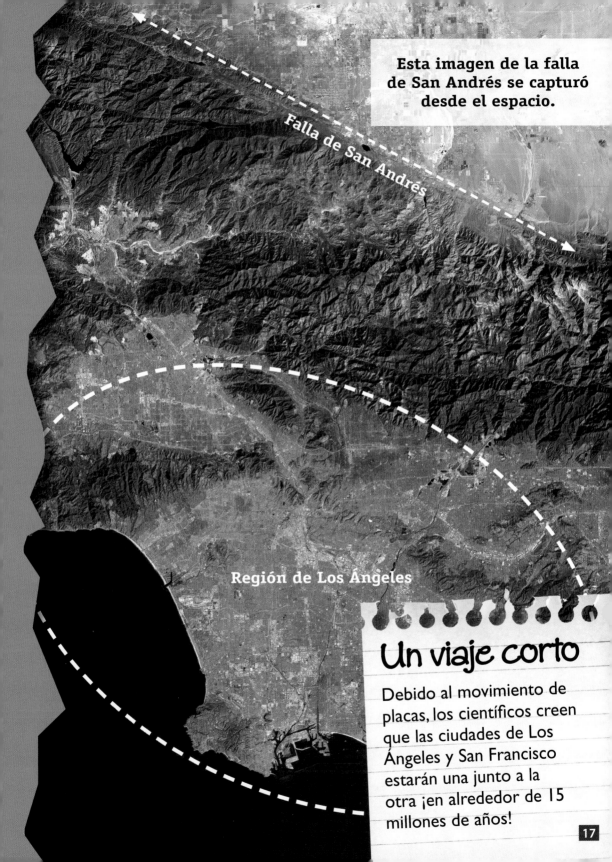

Falla de San Andrés

Esta imagen de la falla de San Andrés se capturó desde el espacio.

Región de Los Ángeles

Un viaje corto

Debido al movimiento de placas, los científicos creen que las ciudades de Los Ángeles y San Francisco estarán una junto a la otra ¡en alrededor de 15 millones de años!

¿Qué sucede durante un terremoto?

Los terremotos suceden en cualquier clase de límite, y se deben a la **fricción** y la presión.

La fricción es una fuerza que actúa sobre las superficies para reducir la velocidad de los objetos o para hacer que éstos se detengan. Es como cuando pegas un frenazo con tu bicicleta. La fricción es lo que tiene lugar cuando la llanta de tu bicicleta se frota con el pavimento. Parte de la goma de la llanta queda en el pavimento y deja una marca de la frenada. La fuerza que disminuye la velocidad de la bicicleta es la misma que ejerce el pavimento al frotarse contra la llanta. Esta fuerza se llama fricción. El freno de la bicicleta hizo que la rueda dejara de girar, pero también tiene lugar una fricción adicional entre la llanta y el pavimento.

La fricción actúa en contra de la dirección del movimiento. En el ejemplo de la bicicleta, la fricción hace que ésta se detenga. La bicicleta se detiene porque se mueve en una dirección y la fricción del pavimento le hace fuerza en contra. Si la fricción actuara en el mismo sentido, la bicicleta iría más rápido.

Cuando una bicicleta pega un frenazo, deja marcas que se deben a la fricción.

¡Crac!

También se puede pensar en un terremoto como lo que sucede cuando estiras una banda elástica. Imagina que la estiras más y más hasta que se rompe. Así suceden los terremotos. Se acumula presión hasta que… ¡crac!

línea de falla

epicentro

foco

Es una línea, pero no es recta

Los límites no son líneas rectas, sino que se curvan y doblan.
Allí donde se curvan o doblan junto a placas convergentes
o transformantes, se acumula presión. Es como intentar
empujar dos superficies rugosas una contra la otra: es difícil
hacer que se deslicen fácilmente y con fluidez.

Los terremotos que tienen lugar debajo del fondo del océano pueden ocasionar que olas gigantes golpeen la tierra que se encuentra cerca y lejos del agua.

En un límite de placas, dos placas se mueven en distintas direcciones y hay fricción entre ellas. La fricción puede hacer que dejen de moverse. Cuando esto sucede, se acumula presión. La presión se acumula de tal manera que hace que, repentinamente, las placas se deslicen en distintos sentidos. Entonces, hay un terremoto.

El punto donde la corteza de la Tierra se rompe se encuentra muy profundo y se denomina el **foco**. Éste es el centro del terremoto. El **epicentro** es el lugar en la superficie terrestre que se encuentra justo por encima del foco.

Cuanto más cerca estás del epicentro, más sientes el terremoto. Los mayores daños tienen lugar cerca del epicentro. Pero un terremoto grande puede sentirse desde muy lejos. Cuando el epicentro se encuentra debajo del océano, olas gigantescas pueden llegar a golpear la tierra.

Esta ilustración muestra cómo las ondas sísmicas se mueven a través de la tierra como si fueran ondulaciones en una laguna.

Cuando tiene lugar un terremoto, se libera presión. La energía se expande desde el foco. Piensa en cuando tiras una piedra en un estanque; las ondas se expanden desde el lugar en el que la piedra entró al agua. Esas ondas son olas pequeñas. La presión que se libera con un terremoto es igual. La energía se expande por la tierra como las ondulaciones en un estanque.

La fuerza de las ondas depende del tamaño del terremoto. Cuando hay un terremoto grande, sentimos muchos temblores a medida que las ondas llegan hasta nosotros. Cuando se trata de un terremoto pequeño, es posible que ni siquiera sintamos sus ondas. Pero el hecho de que no las sintamos no significa que no sucedan. Los terremotos pequeños y las ondas pequeñas

Seiche

¿Alguna vez sostuviste en las manos un recipiente con agua y lo agitaste de un lado al otro? El agua se alza a los bordes del recipiente de uno y otro lado, y parte del agua cae afuera. Esto es exactamente lo que puede suceder en un lago durante un terremoto. Este fenómeno recibe el nombre de **seiche** (SEISH).

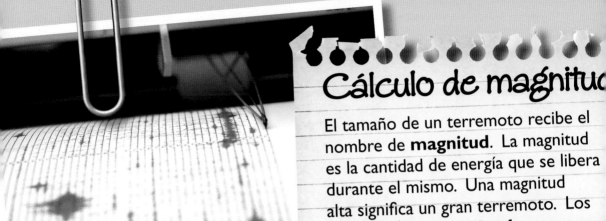

Cálculo de magnitud

El tamaño de un terremoto recibe el nombre de **magnitud**. La magnitud es la cantidad de energía que se libera durante el mismo. Una magnitud alta significa un gran terremoto. Los científicos usan sismógrafos como el que se muestra a la izquierda para determinar la magnitud de los terremotos.

Durante un terremoto, la tierra se desplaza. Debido a eso, las cosas sobre la tierra también pueden desplazarse.

Las personas pueden percibir algunos terremotos. Sienten temblores y ondulaciones. Un terremoto pequeño puede despertar a alguien de un sueño profundo. Terremotos un poco más grandes pueden hacer que se caigan las cosas de los estantes de las casas y las tiendas. También pueden agrietarse las paredes. Los terremotos grandes pueden tumbar muebles y muros, y los terremotos gigantes pueden desmoronar casas y puentes. ¡Hasta pueden hacer caer edificios grandes!

A veces, los efectos posteriores al terremoto pueden ser peores que el terremoto propiamente dicho. Los terremotos pueden causar incendios. Si se rompen las tuberías que transportan gas, éste puede prenderse fuego. Las tuberías de agua también pueden romperse, lo que ocasiona que las personas se queden sin agua en sus casas.

La escala de Richter

Desde hace ya mucho tiempo, la magnitud de los terremotos se mide en la **escala de Richter** (RIK-ter). Esta tabla muestra diferentes magnitudes Richter y su frecuencia.

Descripción	Magnitud Richter	Efecto	Frecuencia con la que ocurre
microterremoto	menos de 2.0	ninguno	alrededor de 8,000 por día
terremoto menor	2.0–2.9	ninguno	alrededor de 1,000 por día
terremoto menor	3.0–3.9	se siente, pero rara vez causa daños	49,000 al año
terremoto leve	4.0–4.9	sacudida de objetos; usualmente no hay daño	6,200 al año
terremoto moderado	5.0–5.9	daño importante a edificaciones con construcción de mala calidad; daño leve a edificaciones con buena construcción	800 al año
terremoto fuerte	6.0–6.9	destructivo en áreas de hasta unos 160 kilómetros (100 millas)	120 al año
terremoto mayor	7.0–7.9	daños severos en áreas más grandes	18 al año
gran terremoto	8.0–8.9	daños severos en áreas de varios cientos de kilómetros/millas	1 al año
gran terremoto	9.0–9.9	devastador en áreas de varios miles de kilómetros/millas	1 cada 20 años
gran terremoto	10.0+	nunca registrado	

No hay límites para la cantidad de destrucción que puede ocasionar un terremoto.

Los terremotos no se acaban

Las placas terrestres siempre estuvieron en movimiento y es muy posible que sigan moviéndose en el futuro. Por esta razón, seguirá habiendo terremotos.

Los científicos siempre querrán estudiar los terremotos para aprender más sobre ellos y sobre la Tierra. También querrán saber más acerca de cómo construir edificios, puentes y casas fuertes y seguros. Si las edificaciones son fuertes, las personas estarán a salvo.

Nadie puede predecir con exactitud cuándo o dónde tendrá lugar un terremoto. Lo que sí sabemos es que cada terremoto que suceda cambiará la Tierra. Algunas veces los cambios serán grandes; otras veces serán pequeños. Tal vez ni siquiera lleguemos a ver los cambios. Pero ya sean grandes o pequeños, todos los terremotos dejan una marca.

Laboratorio: El rompecabezas de Pangea

La teoría del movimiento de las placas, llamada también teoría de la deriva continental, no apareció sino hasta hace poco tiempo. Los científicos vieron que los continentes parecían encajar como las piezas de un rompecabezas. Junto con otra evidencia, esto los hizo pensar que tal vez todos los continentes habían sido una vez parte de una gran masa de tierra llamada Pangea.

En la actualidad sabemos algunas cosas sobre el movimiento de las placas, y la teoría de Pangea parece bastante posible. Haz la actividad siguiente y verifícalo por ti mismo.

Procedimiento:

1. Haz una copia de los continentes de la página siguiente. Tal vez quieras hacer una ampliación de la imagen.

2. Recorta los continentes.

3. Intenta poner juntos los continentes recortados como si se trataran de las piezas de un rompecabezas.

Materiales

➥ una copia de los continentes de la página siguiente

➥ tijeras

Conclusión:

¿Te parece posible la existencia de Pangea? ¿Parecen encajar las piezas? Investiga para aprender más acerca de Pangea y la deriva continental.

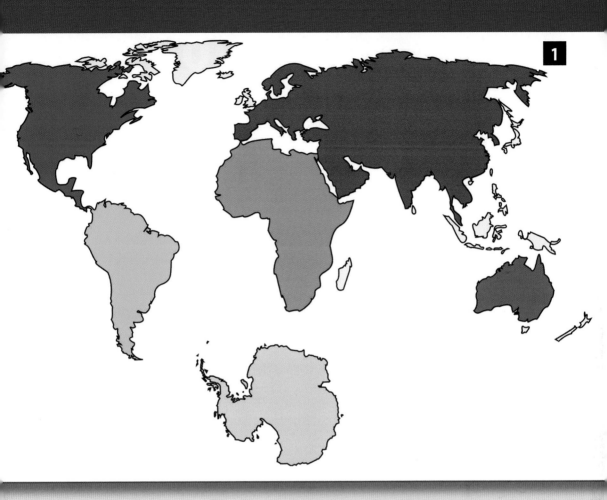

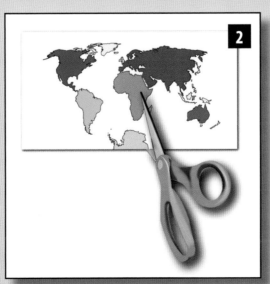

Glosario

corteza—la capa superior de la Tierra, que es sólida y fría

epicentro—punto en la superficie terrestre que se encuentra justo por encima del foco de un terremoto

escala de Richter—la escala utilizada para medir la fuerza de los terremotos

foco—centro del terremoto, debajo de la superficie terrestre

fricción—fuerza que actúa sobre las superficies que se encuentran en contacto y disminuye su velocidad o detiene su movimiento

límite—borde o frontera

límite convergente—límite que tiene lugar entre dos placas que se mueven una en dirección a la otra

límite divergente—límite que tiene lugar entre dos placas que se alejan una de la otra

límite transformante—límite que tiene lugar entre dos placas que se deslizan en direcciones opuestas una sobre la otra

magnitud—tamaño

manto—la segunda capa de la Tierra, caliente y líquida; se encuentra inmediatamente debajo de la corteza

placa—sección de la corteza terrestre

presión—fuerza ejercida sobre una superficie por un objeto, líquido u otra cosa en contacto con ella

seiche—movimiento en el vaivén del agua en un lago u otro volumen de agua ocasionado repentinamente por un terremoto

sismólogos—científicos que estudian los terremotos

terremoto—temblor, vibración o levantamiento de la superficie terrestre ocasionado por el movimiento de placas en el nivel de la corteza

Índice

Alfred Wegener
(1880–1930)

Tanya Atwater
(1944–)

Originalmente, Alfred Wegener era astrónomo. Pero un buen día los continentes le llamaron la atención. Notó las líneas dibujadas por las costas y se le ocurrió que parecían piezas de rompecabezas. Wegener formuló una teoría llamada teoría de la deriva continental. Según ella, los continentes estuvieron unidos hasta que se separaron y se desplazaron con el correr del tiempo. La teoría de Wegener llevó al estudio del movimiento de las placas, llamado tectónica de placas.

Tanya Atwater es profesora universitaria y científica. Le encanta el mundo de la naturaleza y está interesada en que a otros también les encante. Ésa es la razón por la que enseña. Aspira a poder enseñarle a otros a respetar y cuidar el planeta. Atwater se dedica especialmente al estudio de la tectónica de placas. ¡A veces, toma un bote sumergible hasta el fondo del océano para estudiar de cerca la expansión del fondo oceánico!

Créditos de las imágenes

Portada: Kiyoshi Ota/Getty Images; p.1: Kiyoshi Ota/Getty Images; p.4-5: Joseph Gareri/Shutterstock; p.6: Joshua Blake/iStockphoto; p.7 (arriba): USGS; p.7 (abajo): David R. Frazier Photolibrary, Inc./Alamy; p.8-9: Gary Hincks/Photo Researchers, Inc.; p.9: cinoby/iStockphoto; p.10-11: Rui Vale de Sousa/Shutterstock; p.11: Gary Hincks/Photo Researchers, Inc.; p.12: Cartesia/LKPalmer; p.13 (arriba): Galyna Andrushko/Shutterstock; p13 (abajo): Suzanne Long/Shutterstock; p.14 (arriba): Stephanie Reid; p.14 (abajo): Vera Bogaerts/Shutterstock; p.15: Chris73/Wikipedia; p.16-17: USG; p.16: Tom Bean/Corbis; p.17: NASA/JPL; p.18-19: Elena Elisseeva/Shutterstock; p.19: Bradley Mason/iStockphoto p.20: Gary Hincks/Photo Researchers, Inc.; p.20-21: mollypix/Shutterstock; p.22: Gary Hincks/Photo Researchers, Inc.; p.22-23: Fesus Robert/Shutterstock; p.23: Neil Bromfield/iStockphoto; p.24 (arriba): Furchin/iStockphoto; p.24 (abajo): Pacific Press Service/Alamy; p.26 (arriba): Newscom; p.26-27 (abajo): USGS; p.26-27 (arriba): USGS; p.29: Tim Bradley; p.32 (izquierda): The Granger Collection, New York; p.32 (derecha): Rick Reason.